人間力を高める70の心得

人生の合い言葉

上甲晃
志ネットワーク「青年塾」代表
松下政経塾元塾頭

致知出版社

まえがき

「勉強」とは、頭の中に知識や技術を増やすことだと思い込んでいる風潮がある。しかし、頭に叩き込む知識は、しょせん、生きていくうえでの道具にしかすぎない。どんなに高度な知識や技術を習得しても、それを使う本人に、〝人間としての魅力〟がなければ、せっかくの知識や技術は〝宝の持ち腐れ〟となる。「人間としては最低」の一言で、偏差値エリートは挫折するのだ。

私は縁あって、十四年間、松下幸之助が設立した、財団法人松下政経塾で、政治家を中心とした指導者を育てる仕事に携わった。そこで、実社会に出て本当に必要な力は、知識や技術でなく、その人の持つ〝人間としての魅力〟（人間力）であることを感じた。どんなに偏差値が高くても、どんなに優秀な学歴を誇っていても、「人間として失格」の一言で、一刀両断、例えば選挙に勝てない。

頭を育てる教育ではなく、心を育て、精神を鍛え、人間として一流をめざす教育こそが、今の日本には必要であると考えて、松下政経塾を離任した時、次代を担う若い人たちを対象として、〝人間としての魅力〟を備えるための教育に人生を懸けようと決心した。そして、立ち上げたのが全国五地域で展開する『青年塾』である。学びのカギを握る言葉は、〈志〉である。

〈志〉とは、「己の損得を超えて、みんなのために役立つ心」であると、私は理解している。その心を備えるようになるために、『青年塾』にはいくつもの〝合い言葉〟がある。〝合い言葉〟が口癖になり、習慣になっていけば、その人の人生はより良くなっていくと信じている。

「良き習慣は良き人生をひらく」。

〈合い言葉〉は、人間一流をめざすための誓いの言葉であり、相手と心が通じ合う〝愛言葉〟でもある。

人生の合い言葉

——目次

まえがき　1

第一章　志の実践

1　「どうぞお先に」一歩譲る心を持つ　12
2　独り占めは、人格三流　14
3　みんなのためなら、「一歩前へ」　16
4　同じやるなら、「ハイ喜んで！」　18
5　主人公意識を持て　20
6　人格は、後ろ姿に表れる　22
7　「楽（らく）」と「楽しい」は正反対　24
8　そこまでやるか！　26
9　人は、思い以上の結果を出せない　28
10　分かってやるのではない。やれば分かる　30

11 準備は結果を予言する 32
12 水が流れるように円滑に 34
13 いつでも、どこでも、一人でも 36
14 一つ学べば、一つ変わる 38

第二章 自分がやる！

15 困難の壁は乗り越えるためにある 42
16 「難有（なんあり）」——難有るは、有難し 44
17 見方を変えればすべてはチャンス 46
18 困るから出会える 48
19 真意をつかめ 50
20 どんな役でも「徹し切る」 52
21 みんなが富士山なら、私はエベレストに 54
22 すべてにおいて美しく 56

23 野心は自分のため 志はみんなのため 58
24 「せめて私ぐらいは」 60
25 〝世の救い〟となれ 62
26 月をさす指先を見るバカ 64
27 箸遣いを変えれば人生が変わる 66
28 経験した分、腹がすわる 68

第三章 小さなことに心を込める

29 一流に妥協なし 72
30 天が見ているぞ！ 74
31 人に求める限り、自らやる 76
32 今、この瞬間に、命懸け 78
33 今日の努力が明日の可能性を開く 80
34 言われてやるな、気づいてやれ 82

35 一つを励めば、すべてが変わる 84
36 〝打てば響く〟は縁の始まり 86
37 小さく生んで大きく育てる 88
38 撤退ができてこそ、経営者として一人前 90
39 小さな仕事で大きな差がつく 92
40 不義理が世間を狭くする 94
41 自分のことで悩んではいけない 96
42 任せて任せず 98

第四章 最高の〝今〟を生きる

43 やる気がなければ〝愚痴〟が出る やる気になれば〝知恵〟が出る 102
44 無言の教育力——語らずして導く 104
45 他人を変えることはできない 自分から変わる！ 106
46 万事万物、すべてわが師 108

47 〝退路〟を探すな〝活路〟を探せ 110
48 お茶を濁すな！ 112
49 ギブ&ギブ&ギブ 114
50 日々の生活は〝人間教育の教室〟 116
51 一人青年塾――たった一人でもやり続ける 118
52 失敗が恥ずかしいのではない 繰り返すことが恥ずかしい 120
53 知らないことは恥ずかしくない 知ろうとしないことが恥ずかしい 122
54 困難な時に差がつく 124
55 「あいにく」の一日はない 126
56 桜は偉いぞ 128

第五章 人間力を高める

57 非常時も、三日続けば、平常時 132
58 断固として貫く覚悟があるか？ 134

59 運と愛嬌や 136
60 学歴で商品は売れない 138
61 「一体、それはなんぼ（いくら）や？」 140
62 ケチなことを考えるな 人間がケチになる 142
63 不便、不自由、不親切 144
64 聞く姿に、心の姿が表れる 146
65 一流の人は弁解しない 148
66 人生のテーマを持っているか？ 150
67 タコツボから出よう 152
68 〝奴隷〟の仕事をするな！ 154
69 心を育て、腹を鍛える 156
70 〝心の欠席〟をしてはいけない 158
あとがき 160

装幀・本文デザイン――スタジオファム
編集協力――柏木孝之

第一章

志の実践

人生の合い言葉

1

「どうぞお先に」一歩譲る心を持つ

「我先に」といった言葉は、人との競争で先を争う時に使われる。その結果、〝早い者勝ち〟といった言葉も、日常茶飯に使われる。まことに切実な場面を想像させる。ほとんどの場合、「人を押しのける」、世知がらく、さもしい様子が目に浮かぶ。

車の運転などは、運転者の性格がそっくりそのまま表れる。渋滞している時、ほんのわずかな隙間をめがけて割り込む運転ぶりなどは、貧しい人柄の人がハンドルを握っているような不愉快さを感じさせる。飛行機から降りる時、ドアが開くまでの短い時間でも、誰もが少しでも早くと先を急ぐ。わずかな隙間があると、そこに体をねじ込んでくる人がいる。そんな時に、「どうぞお先に」と言えるかどうか。

こちらも急いでいるのだ。そんなことを言っていたら、厳しい競争社会から脱落すると言う人もいるだろう。しかし、人を押しのけてでも先に行こうとする人がいたら、「どうぞお先に」と言ってみよう。ちょっと損をした気分になるだろう。あるいは、余りにも強引すぎると、「くそっ」と腹立たしくもなる。しかし、到着する時間など、ほとんど差がない。人に一歩譲ったために、バスに乗り遅れたり、電車の席を取れなかったりするといった、小さな損をするかもしれない。しかし、「一歩譲る」心が自らの中に育ち始めると、〝思いやりの心〟が育ち、やがて人間として成長し始めるのだ。

人間性が育つと、大きな徳が身につき、大きな得を取るようになる。

人生の合い言葉

2

独り占めは、人格三流

空港から市内のターミナルまで、しばしばバスを利用する。バスに乗った時、人間模様が分かる。自分の横の席にドカンと荷物を置く人、あるいはあえて窓側ではなく、通路側に座る人がいる。どちらも、隣に人を座らせまいという魂胆《こんたん》が見える。

なるほど、二人が座る席を、独り占めすれば快適だ。まして、隣にどんな人が来るかも知れないから、自己防衛しているとも言える。しかし、その行為は、その人の人間性を丸ごと表している。無言のうちに、「座らせてやるものか」と叫んでいる〝さもしさ〟が見えるのである。

荷物を膝に抱えてでも、「どうぞ、お座りください」と隣の席を空ける行為は、まさに〝志の実践〟の第一歩である。一見、譲ったら損だと思うこともある。しかし、それは小さな損である。小さな損が気になるようでは、人間一流にはなれない。人より半歩でも前に行こうとする利己心は、人生の大きな収支を考えたら、結果的に大きな損につながる。利己心をいかにして克服するか、それこそ人間一流への道だ。難しい人生の教訓本を読むことも時には必要であるが、日常の生活において、「どうぞお先に」と譲る、絶え間ない努力こそが、あなたを人間一流に育てていくのである。

人生の合い言葉

3

みんなのためなら、「一歩前へ」

「誰かこれをやってくれませんか」と求められた時、瞬間的に、自分の事情を考えるのは、誰でも一緒だ。みんなの顔色を見ながら、「この忙しい時にうっかり引き受けたら、大変な目に遭う」と考えると、自然に手を挙げるのを止《や》めようと思う。

自分の都合を考えたら、手が挙がらない。しかし、みんなの都合を考えたら、敢えて苦労を引き受ける人がいないことには、みんなが困るのだ。

世の中には、誰かがやってくれないと困ることもたくさんある。そんな時、「分かりました。みんなのためになるのであれば、私がやります」と一歩前に出ることは、立派な志の実践だ。

ただでさえ忙しい上に、さらに新しいことを引き受けたら、身が持たないと考える人もいる。ところが不思議なことに、有能な人にしか役割は回ってこない。有能な人は、多くの役割をこなすために、物事を進める要領を覚えていくのである。

私は若いころ、労働組合の役員をしたことがある。そのころ、毎日、夜の九時、十時まで残業していたので、その上に組合活動をすることはとても無理だと思った。しかし、誰かがやらないと、組合員のみんなが困るだろうからと思って、後先を考えずに引き受けた。そのおかげで、仕事をてきぱきと要領よく行うコツを会得し、その後の仕事に大変役に立った。

人生の合い言葉

4

同じやるなら、「ハイ喜んで！」

大きな注文が入ると、「ハイ喜んで」と、お客様の所にすっ飛んでいける。しかし、小さな注文になると、「この忙しい時に、わずかな注文でわずらわされる」と、出掛ける足取りが重くなる。

どんなことでも、同じやるなら、「ハイ喜んで」の心だ。

『青年塾』で学んできたらどうだと上司から言われた瞬間、「いやだなぁ」と思う人がいる。それはそれで正直な気持ちである。私は、「その気持ちを引きずるな。やると決めたのであれば、〝ハイ喜んで〟の気持ちに切り替えろ」と教える。

〝いやいや〟やるのは、時間の無駄。同じやるのであれば、スパッと気持ちを切り替えて、〝ハイ喜んで〟と受け止めなければならない。〝ハイ喜んで〟と思えば、研修に向かう足取りも自然に軽くなる。

〝しぶしぶ〟〝いやいや〟の気持ちのまま研修を受けていたら、学びの成果など上がるはずがない。

第一、〝しぶしぶ〟〝いやいや〟の雰囲気をまわりにまき散らすこと自体、大きな迷惑を掛けていることにもなる。

人生の合い言葉

5

主人公意識を持て

やらされてやることは、苦痛。同じことでも、自分の意志でやりたいと思ってやることは、喜びになる。

青年塾の講座で、バーベキューパーティーをした時のことだ。肉屋を営む先輩が、大量のお肉を持ってきてくれた。私は肉の入った箱を持ってみた。大変重たい。目の前にいる塾生の一人に持ってもらったら、やはり「すごい重たい」と言う。

私は、「そのまま一時間持っていてほしい」と言った。塾生は、「こんな重いものを一時間も持たせるのは、虐待《ぎゃくたい》ですよ」と言う。

私は、「じゃあ聞くけれども、これを全部君にやると言ったらどうする」と聞いた。

「えっ、こんなにもらえるのですか」と塾生は言う。

持っているものは同じであっても、考え方が変わると、重荷が喜びになる。人生も同じだ。「やらされてやることは重荷、やりたいと思ってやることは、喜びになる」。

『青年塾』はすべての研修の準備と運営を、受講する塾生諸君が主体的に行うことを義務づけている。〝与える教育〟ではなく、〝求める教育〟だ。研修一つでも、私がお膳立てすればするほど、受講生は、「研修を受けさせられた」と負担感を覚えるのだ。

人生の合い言葉

6

人格は、後ろ姿に表れる

人間、どんな時でも、どんな場所でも、入る時はよそ行き、出ていく後ろ姿に、人格が表れる。例えば、入社の時には、みんな、「これからしっかり頑張ります」と、揃ってよそ行きだ。しかし、途中で退社するような時には、ついつい本音が出て、捨てセリフを吐く人、仕事の後始末もせずに辞めていく人など、様々だ。出ていく後ろ姿に、その人の本当の人格が表れる。

ホテルでも、チェックインする時、すべてのお客さんは紳士と淑女《しゅくじょ》だ。しかし、一晩部屋を使い終わってチェックアウトした後の部屋を見たら、その客の人格が分かると、教えてくれたホテルの支配人がいる。備品《びひん》は使いたい放題、電気はつけっぱなし、部屋は乱れたまま、パジャマは脱ぎっぱなしでは、とても立派な人だと誰も思わない。

『青年塾』で、食べた後をきちんと片づけ、泊まった後の部屋はきれいに整理整頓するように教えるのは、人格を磨く身近な努力であり、大切な研修と思うからだ。

松下政経塾の面接試験で、松下幸之助は受験生が部屋に入ってくる姿でなく、部屋から出ていく後ろ姿をじっと見ていたことを思い出す。私は思い切って尋ねてみた。「どうしてそんなに出ていく後ろ姿をご覧になるのですか?」と。

松下幸之助は、「人間はな、こんな狭い部屋でも、入ってくる時はみんなよそ行き。出ていく後ろ姿に普段の様子が表れるのや」と答えた。

7

「楽（らく）」と「楽しい」は正反対

「研修は楽しくやりたいものです」と言う塾生がいた。私も賛成だ。楽しくなければ、本当の学びが身につかないと思うからだ。

しかし、「楽しくやりたい」との言葉の中に、苦しいことやしんどいことはごめんだといった思いも感じられた。そこで私は、あえて、「楽しい」と「楽《らく》」とは違うのだとくぎを刺した。「楽」をすると、心の底から「楽しい」とは思えないのである。

例えば、標高《ひょうこう》百メートルの山に登るとしよう。まことに、「楽」な登山である。服装だって、普段着でもいい。荷物も持たなくていい。みんな、「楽だ」と言う。

しかし、後から振り返った時、その登山の思い出はほとんど何もない。「楽」過ぎると、「本当に楽しかったな」とは思えないのだ。

今度は、富士山に登ったとしよう。ちょっと油断すれば、死にもつながる、困難の連続だ。体力の限界も感じる。「二度と登るものか」と、途中で思う人もいるだろう。

しかし、無事に山頂に立ったら、思わず「バンザイ」と叫ぶとともに、後々、「実に楽しかった。一生の思い出だ」と語り草になる。苦労しなければ、心の底から「楽しい」気分にはなれない。

人生の合い言葉

8

そこまでやるか！

人は何事も、「そこそこやっている」うちは、人を感動させることができない。人が感動するのは、どんな平凡なことでも、徹底してやった時だ。

「そこまでやるか」

『青年塾』では、研修会場の準備をする時、タコ糸は必携。机を並べる時も、椅子を並べる時も、資料を並べる時も、名札を並べる時も、二人でタコ糸をピンと張り、それに沿って、寸分《すんぶん》狂いのないように並べる。並べる荷物も同じである。各自が勝手に、ばらばらに置くのではなく、所定の場所にきちんと置き、タコ糸に沿って真っすぐ並べる。

和室では、座布団もまた、「そこまでやるか」と、タコ糸に沿ってきちんと並べる。すると不思議なことに、部屋全体に凛として、ぴんとした緊張感が満ちてくる。部屋の空気が変わるのである。

机やイス、座布団を並べる時だけではない、挨拶一つ、食べる姿一つ、歩く姿一つ、私達は、「そこそこ」には誰でもやっているのである。しかし、「そこそこ」の努力は人を感動させない。「そこまでやるか」と意識して、一つ一つの行動に心を掛ける。念には念を入れ、さらに確認の上に確認することこそ、生きる〝底力〟なのだ。

人生の合い言葉

9

人は、思い以上の結果を出せない

人は、思わない限り、何事も永遠に実現しない。だから、すべての出発点は、「よしやってみるか」と、その気になることだ。

例えば、あなたの家が富士山の登山口にあるとしよう。ドアを開ければ、すぐに登れるのだ。そんな便利な所に住んでいても、「よし登ろう」と思わない人は永遠に登らないのである。

「仕事が忙しくて、時間がないから」。「体力的についていけないから」。「天候が良くないから」など、登らない理由は限りなくある。しかし、それらをいくら並べても、しょせんは弁解でしかない。どうして登らないか？「その気がないから」だ。

私は、生涯、エベレストに登ることはない。なぜならば、「全くその気がないから」である。どんなことでも、「無理。無理」と思った瞬間から、成るものも成らなくなる。

「その気になる」ことは、命のスイッチ〝オン〟だ。「私にはとても無理です」と言った時、その気持ちが可能性の道を閉ざしてしまう。思いが小さいと、努力も小さくて済む。努力が小さいと、喜びも小さい。大きく思え。命のエネルギーは無限だ。

人生の合い言葉

10

分かってやるのではない。
やれば分かる

『青年塾』では、研修の手法として、演劇を積極的に採り入れている。塾生の中には、「どうして演劇をするのですか？　その意味を教えてください。意味が納得できたらやります」と言う人がいる。私は、「意味が分かったらやると考えたら、物事は難しくなるばかり。意味が分かったからやるのではない。やれば分かる」と言う。

はじめはあまり乗り気でなかった人たちが、演劇に取り組むうちにだんだんと熱心になり始める。最後は、必死になって打ち込んでいる。そして、私に言う。「演劇をすることの意味がようやく分かりました」と。

実際にやってみて、その意義が分かった時、はじめて本当に分かったと言える。これこそが〝体得〟だ。

とかく、最近は物事を頭で考えて、手足を動かさない人が多い。頭で意義や意味ばかりを考えていると、「理屈ばかり言って、何もやらない人」と、世間の人は烙印《らくいん》を押す。

松下政経塾時代、塾生に掃除をさせるために大変に苦労した。塾生達からは、「どうして掃除をしなければならないのか、その意義を説明してほしい」と迫られた。若かった私は、懸命に意義を説明しようと試みた。ところが、意味を説明し始めると、理屈が理屈を呼ぶ結果になり、議論の堂々巡り、とうとう泥沼にはまってしまった。その時の辛い経験から、「やれば分かる」と腑《ふ》に落ちた次第である。

人生の合い言葉

11

準備は結果を予言する

「完璧な準備をすると、ほぼ完璧な結果がもたらせる。それに対して、いい加減な準備をすると、結果もまた、いい加減なものになる」

『青年塾』の準備に対する心構えを表す言葉だ。

二十年間、『青年塾』を運営してきて、経験的に、準備状況を見たら、結果はおのずから分かるようになってきた。言葉を変えるならば、準備によって結果の八割は決まると言ってもいいだろう。それほど、事前の準備は大切なのである。

完璧な準備をするためには、想定力が問われる。本番について、起こりうる事態をどこまで想定するかだ。可能な限りの想定に対応して、準備をするのだ。漫然《まんぜん》と準備するから、本番になると、様々な抜けが露呈《ろてい》する。

だから、まず準備の段階でどのような事態が起きうるかを、とことん考えてみることだ。雨が降ったらどうするか？　酷暑の日ならどうするか？　雪が降ったらどうするか？　様々なケースを頭の中で考えていると、徐々に、本番のイメージができてくる。

何度も何度も、本番のイメージを描いていると、そのイメージに沿った運営が実際にできるようになる。

人生の合い言葉

12

水が流れるように
円滑に

松下政経塾時代、役員会の進行中、評議員であった後藤清一さん（当時、三洋電機相談役）に、「さっきから会議の進行を見ていると、机を運び、スクリーンを運ぶたびに大きな音を出し、ドタバタドタバタとうるさい。もっと、水が流れるようにスムーズにできんか」と叱られたことが鮮明に記憶に残っている。

水が流れるように円滑に運営できると、出席している人も、心落ち着いて会議に臨める。ところが、準備が不十分であると、本番になって、映像を映そうとすると、画面が出てこない。音を流そうとすると、ピーと耳障《みみざわ》りな甲高い音が出る。マイクにスイッチが入っていない。ホワイトボードのマジックが切れていて、かすれた字しか書けない。そのたびに、会議が中断してしまう。

ギクシャクした運営になると、出席者の心も落ち着かないものになる。『青年塾』の講座でも、いきなりぶっつけ本番によって、失敗することが多い。「ラジオ体操」と号令がかかり、みんなが身構えた。ところが、ラジカセにスイッチを入れても、音楽が流れてこない。みんな拍子抜け。すっかり間抜けなラジオ体操になる。

万全の備え、そして十分な予行演習をしておけば、本番は水が流れるように円滑に進む。

人生の合い言葉

13

いつでも、どこでも、
一人でも

みんなと一緒であれば、誰でもたいていのことはできる。問題は、たった一人になった時だ。途端に何もできなくなる人が多い。それは〝恥ずかしがり屋〟だからではない。身についていないからだ。

私は、『青年塾』の所定の研修を終えた最後の時、必ず次のように言う。

「研修の間はみんなと一緒だったから、掃除も、履物を揃えることも、挨拶も、すべてできました。しかし、これからは厳しい現実に戻ります。周囲の誰もやらない、それどころか、みんなから白い目を向けられるかもしれない厳しい現実の中においても、なお実行し続けられるかどうかです。いつでも、どこでも、一人でもできるようになった時、〝身についた〟と言えます。研修のための研修ではいけないのです。研修で学んだことが、現実に生きてこそ、〝学んだ値打ちがあった〟ことになります」

『青年塾』では最近、〝一人青年塾〟という言葉が使われる。たった一人になった時も、『青年塾』で学んだ習慣を実践できる姿を言う。

なかなかうまい言い方である。その通りだ。

人生の合い言葉

14

一つ学べば、一つ変わる

研修を終えた後の塾生の様子を見ていると、大きく二つに分かれる。「いい学びの機会でした」と言う人。このタイプの人は、やがて、修了して何年かぶりに会うと、「時間の経過と共に、随分、熱が冷めてきました。もう一度、『青年塾』に行かなければならないようです」と言う。〝尻すぼみ〟タイプである。

「記憶は、時間と共に薄れる」のである。研修をいい学びの機会だったという程度の受け止めをしているようでは、時間と共に、感動と興奮、そして学びの記憶はどんどん薄れていくのは当然である。

もう一つのタイプは、『青年塾』で学んだことを欠かさず実践する人だ。「すでに三年経ちますが、すっかり板につきました」という。〝尻上がり〟タイプである。

掃除でもいい、挨拶でもいい、履物を揃えるでもいい。『青年塾』で学んだことを、何か一つでいい、実践に移すと、時間の経過と共に、学びに磨きがかかり、その人の生き方に変化が表れる。

研修の時、一つ学んだら、一つ実践に移す。変化につながるためには実践しなければ、しょせん、研修のための研修だ。

第二章

自分がやる!

人生の合い言葉

15

困難の壁は乗り越えるためにある

若いころから、「できません」と口にすることを、私は、恥ずかしいことだと思ってきた。それどころか、困難であればあるほど、「これはチャンスだ」とさえ考えた。人が、「できません。無理です」と言ったら、内心、そんなはずはないと、ひそかに考えたのである。「できない」と考えるからできないのであって、「やりようがある」と考えれば、必ず道が開けると信じて、心の中で闘志を燃やしてきた。

さらに言えば、みんなが「できます」と言えば、「任せた。私がやる必要はない」と思い、みんなが「できません」と言えば、「いよいよ私に出番が巡ってきた。必ずやってみせる」と思った。それは天邪鬼《あまのじゃく》ではない。松下幸之助の教えである。「道にかなっている限り、物事はうまくいくようになっている。うまくいかないのは、真理に従わず、自分にとらわれるからだ」と教えられたからだ。多くの人達は、「かくかくしかじかの難しい条件があり、できません」と、困難は、できない言い訳のためにあると考える。しかし、困難の壁は、できないことの言い訳にしたり、引き返すためにあるのではない。困難の壁は、どんなに高くても、乗り越えるためにあるのだ。

そして乗り越えた人だけが、壁の向こうに開ける道を歩めるのである。

コロナ禍の日々、今問われているのは、困難の前に立ちすくむか、それを勇気を持って乗り越えるかである。

人生の合い言葉

16

「難有（なんあり）」

――難有るは、有難し

北海道・遠軽《えんがる》にある北海道家庭学校は、百年の歴史を誇る児童自立支援センターである。キリスト教の教えに基づいて、不幸な過去を背負った少年の更生をめざしている。広大な敷地の中に、チャペルがある。そのチャペルの正面に、「難有」の二文字が掲げられている。

「難有」。人生は、困難、難儀、苦難などの連続であるという意味だ。この文字を逆から読むと、「有り難い」である。即《すなわ》ち、「難有るは、有り難い」との意味を表している。

私はこの二文字に、生きる本質をうかがう気がして、様々な機会に紹介してきた。

どうして、「難有る」は、「有り難い」のか。「難」など何一つなく、平穏無事の連続で、物事が面白おかしく過ぎていく方がいいのではないか。誰しもそう思う。

しかし、現実の人間社会は、「難」の連続である。その「難」を受け入れられない人は、「どうしてこんな目に遭わなければならないのだ」と恨めしく思い、ひがみ根性が込み上げてきて、落ち込むばかりである。逆に、「難」に遭遇した時、「嘆いても嘆いても、何の解決にもならないから、受け入れよう」と考える人は、「難」を生かすことができる。

人生の合い言葉

17

見方を変えれば すべてはチャンス

私が松下幸之助から学び取った考え方の一つは、「志さえあればすべてはチャンス」、そして、「この世にできない理由は何もない」。

どんな困難も、「見方を変えればチャンス」なのである。また、そのように考えられる人が、新しい道を開いていくのだ。困難に出会った時、途方に暮れる人は、絶対に新しい道を開くことはできない。

松下幸之助は、「僕は物事がうまくいったらみんなのおかげ」と考え、うまくいかなかった時には、「すべての原因は自分にある」と考えてきたと言った。若い時の私は逆だった。「うまくいったら、私の努力が実を結んだ」と考え、うまくいかなかったら、「環境が悪かった。周りが悪かった。みんなが悪かった」と責めてきた。それでは決して道を開くことができない。物事がうまくいかないことは、「今までのやり方を根本的に考え直すチャンス」なのだ。厳しく見直していけば、必ず、新しい道をつけることができる。どんな困難に遭遇しても、「見方を変えたらチャンスだ」と考えた人が新しい道を見つけて前へ進むのである。

例えば、物が売れないとしよう。景気が悪いから、市況《しきょう》が冷え込んでいるからと考えたら、手の打ちようがない。ひょっとすると今までの売り方を根本的にやり直せということではないかと受け止めて、思いをめぐらせば、道の向こうに光が見えるだろう。

人生の合い言葉

18

困るから出会える

「困りごとは、工夫の源」。人は困った時に初めて、何とかしなければならないと思う。だから、そこに、工夫が生まれる。最近の若い人達は、〝無理、無理〟とすぐに言う。〝無理〟と思うところから、新しい工夫やアイデアは、絶対に生まれてこない。

困ったからあきらめるのではなく、何とかしようと考える。そうすれば、自然に知恵やアイデアがわいてくる。だから、本当は困ったほうが知恵や工夫がわいてくるのだ。困ったらあきらめてしまうのではなく、解決の方法を真剣に考えるのだ。

人は本当に困った時、心の中で叫んでいる。「誰か助けてくれ」と。その時に初めて、求める気持ちが湧き上がる。〝藁《わら》にもすがる〟と言うではないか。そんな気持ちになった時に、人は「出会う」のである。「求めるからこそ出会いがある」のだ。

困りごとのない人は、困った人だ。困りごとがないことは、「求める心」がないのと同じだ。困っていないと、何を見ても、誰に会っても、「魂が打ち震える」ことはない。

人は挑戦しなければ困らない。挑戦するからこそ、挫折するのだ。挑戦するからこそ苦悩するのだ。挫折や苦悩はつらいことである。しかし、それはすべて、人生の「目から鱗《うろこ》が落ちる思い」につながる糧《かて》になる。

人生の合い言葉

19

真意をつかめ

ねむの木学園で『青年塾』の講座を開催するようになって三回が経過した。三回目の講座の時の話である。過去二回、学園の子供達を相手に、山本有三著『米百俵』を上演してきた。三回目の講座の時、ねむの木学園の園長である宮城まり子さんに、「あのお芝居またやるの？　もういいわ」と言われた。それに困った塾生達は、善後策を相談して、別の演題のお芝居にしようかなどあの手この手を思案した。私はそのやり取りを聞いていて、即座に、「今回もねむの木学園で、〝米百俵〟を演じる」と言った。

私は、「君達は宮城まり子さんの言葉に振り回されている。その言葉の真意は何かと考えなければいけない。

会社でも同じだ。社長が言った言葉に振り回されて右往左往していないか。その言葉の真意はいったい何かを考えなければ、成長はない。宮城まり子さんは、あのお芝居は夜中の場面が多くて暗い。その上に刀を振り回すので、子供達が怖がる。うちの子供達にはふさわしくないからもういいと言われた。それが宮城まり子さんの真意だ」と教えた。

塾生達は議論に議論を重ね、考えに考えたのであろう。結論は、なぜ『青年塾』では演劇をするのかを現代風に演じるところから始まった。しかもかなり面白おかしくやったから、子供達も転げ回って喜んだ。宮城まり子さんは演劇発表後、「良かったじゃない」と感想を言われていたと伝え聞いた。

人生の合い言葉

20

どんな役でも「徹し切る」

喜劇役者であった西川きよしさんが、初めて吉本新喜劇の舞台に立てる機会を得た時のことである。天にも昇る気持ちだったが、与えられた役は、縫いぐるみを着た熊の役であったと聞いた。普通なら、「なんだ熊の役か」と思って失望するところである。西川きよしさんの立派なところは、すぐに動物園に出掛けていったことだ。熊の檻に直行して、何時間も、熊の行動を見つめ続けた。その仕草を徹底的に学んだのである。そして、それを翌日からの縫いぐるみの熊の役に生かした。西川きよしさんは、その熱心さが道を開いていったのだ。

熊の役を練習する時も、真剣そのもの、全身全霊を打ち込む。あまりの迫力に、周りの人達が後ずさりするほどである。おかげで、ズボンがお尻のところで裂けてしまう。駆け出しの新人だ。ズボンを買うお金に事欠いていた。その時、何人もの先輩達が、「新しいズボンを買いな」とお金を握らせてくれた。西川きよしさんのあまりにも熱心な姿勢にほだされたからである。熊の縫いぐるみを着る役をもらったら、熊に徹し切る。多くの人達は、熊の役をもらったら、「チャンス」と思わず、「こんな役、嫌だ。恥ずかしい」と言う。当然、身が入らないから、人の心を動かせない。いただく役によって態度が変わるうちは駄目だ。すべて「チャンス」と思え。そんな教えだ。

とりわけ〝縁《えん》の下の役割〟に徹し切れる人は運命をひらくことができる。

人生の合い言葉

21

みんなが富士山なら、
私はエベレストに

県立山形中央高等学校野球部は、山形県では、四度も甲子園に出場したことがある〝強豪校〟の一つである。その部員達に話をすることになった。

私は、話す前に、考え込んだ。「日本一になりたいと、もっともっと強く思え」、「思いが強ければ必ず勝てる」などと言っても、選手達には酷な気がした。みんなそんなふうに励ますだろうし、本人達もまた、強く願っているはずだから。

そこでこう考えた。富士山の頂上を目指して、全国の有力な高等学校の野球部がひしめくように先陣争いをしているのであれば、その激しい競争の中でどのようにすれば一番になれるかを考えるよりも、目標を一段高くしたらどうだろうか。もっと言えば、「前人未到」に近い、とんでもなく高い目標に挑むのだ。

野球を通じて人間教育をめざす山形中央高校ならばこそ、〝感動野球日本一〟は、〝甲子園で日本一〟といった目標よりも、かなりレベルが高い。並の野球部は考えることさえできないだろう。

不祥事を起こして甲子園出場を断念した学校は枚挙にいとまない。とすれば、逆があってもいい。「山形中央高校の野球を見ていたら、励まされる、生きる勇気が与えられ、元気が出る、学びが多い」などと言われるのが、〝感動野球日本一〟だ。

あるいは、〝世界一〟かもしれない。目標を高くすれば一段と成長する道が開ける。

人生の合い言葉

22

すべてにおいて美しく

私は、歩く時にポケットに手を突っ込む人の姿が嫌いだ。思わず、見知らぬ人に対しても、「さっそうと歩け」と、どやしたくなる。働き盛りの若い人が、背中を丸めて、ポケットに手を突っ込んで歩く姿は、決して美しくない。

寒いからポケットに手を突っ込んで暖を取る。当然といえば、当然の姿で、そんなに目くじらを立てなくてもと言われるかもしれない。しかし、どう見ても、美しくないのだ。ズボンのポケットに手を入れると、自然に背中が丸くなる。いかにも貧相な姿だ。

どんなに寒くても、胸を張って、さっそうと歩く。人生も同じだ。「どんな困難に遭遇しても、胸を張ってさっそうと前を向け。みすぼらしい歩き方は、みすぼらしい生き方の表れに見える」。歩き姿、立ち姿、座り姿、食べ姿。当たり前のように繰り返す動作を意識して、〝美しくする〟ことは、人生を〝美しくする〟第一歩だ。

その会社がいい会社かどうかは、通勤する社員の歩いている姿を見たらだいたいのことは分かる。みんなが背を丸めて、ポケットに手を突っ込んだままの姿の会社は、経営内容も概して良くない。社員が寒空を意に介することもなく、はつらつとした姿で出勤してくる会社は、やはり業績も伸びているはずだ。

人生の合い言葉

23

野心は自分のため
志はみんなのため

しっかり勉強して、良い学校に入りたい。良い学校に入ったら、良い就職先を見つけて、豊かな暮らしをしたい。そのためには、会社の中で、出世街道の競争に勝たなければならない。それは、多くの人達にとって、「しっかり勉強しなければならない」目的の一つだったはずだ。しかし、その目的はすべて、「自分の利益のため」である。私は、それを野心・野望と呼ぶ。決して悪いとは言わない。それもまた、人が生きていく上での一つの〝エネルギーの源〟である。

ところが、みんなが、自分の利益だけを優先して努力したら、世の中は良くならない。それどころか、競争ばかりが強調されて、精神的にはまことに住みにくい世の中になる。「志」は、みんなの利益を求める心である。自分の利益のために頑張るか、みんなの利益のために頑張るか。「みんなの利益のために頑張る人」が増えるほどに、世の中は良くなっていくだろう。『青年塾』は、「みんなのために力を尽くすこと」に喜んで取り組める人を育てるのが、目的だ。

そして、日本では古来、「みんなのために働く人」を立派な人、偉人と高く評価してきたのである。野心家は、人に警戒される。なぜならば、うっかりしていると、私の利益まで奪い取られてしまいかねないからだ。「世のため、人のために生きる」ことをしっかりと肝に銘じたい。

24

「せめて私ぐらいは」

部屋が真っ暗だとする。暗いことをどんなに嘆き苦しみ、批判しても、何の解決にもならない。部屋が暗ければ暗いほど、「せめて私ぐらいは明るく振る舞おう」と考えられるかどうかだ。それは、〝暗夜の一灯〟である。たった一本の蝋燭《ろうそく》のほのかな光であっても、真っ暗闇の中では、それはみんなにとって〝大きな救い〟となる。

誰でも、みんながやったら、私もやれるのだ。しかし、志の人は違う。「誰もやらないからこそ、私がやらなければならない」と考えられる人だ。「誰もやらないのに、私だけがやったところで、どうにもならない。どうせ私一人の力など知れている」と考えたら、無力感ばかりが広がる。

そう考えたならば、周りの環境が劣悪であればあるほど、私の発するほのかな〝光〟は価値を増す。嫌な人ばかりの職場だから会社を辞めようと考えてはならない。それは環境に負けたことになる。「せめて私ぐらいは、職場の救いとなろう」と考えることが、自分自身を大切にすることであり、自分自身が成長することであり、さらには、みんなを大切にすることである。

きっと職場の人達はこう言うだろう。「あんな嫌な職場だったけれども、あなたがいてくれて本当に救われた」と。そう言われることは、あなたの人生の大きな誇りであり、あなたの存在価値である。

人生の合い言葉

25

〝世の救い〟となれ

〝救世主〟という言葉がある。私は長い間、それは「世の中を救う偉大なる人物だ」と思ってきた。だから、私にはとても無理な目標であり、関係のない存在だと思い込んでいた。しかし、人生経験を重ねるにつれて、自分も〝救世主〟になれるのではないかと思い始めた。

〝救世主〟とは、「世の中を救うだけではなく、世の救いとなる人を言うのではないか」と考え始めたのである。〝世の救いとなる〟ことは、すべての人が、その気になれば、今からめざすことのできる道だ。「あなたがいてくれて救われた」、「お宅の会社があってよかった」。そんな生き方は、今この瞬間から、誰でもがやろうと思えばできる道だ。

みんながタバコを吸っていて空気が汚い職場があったとしよう。こんなに空気が汚いのなら「せめて私はタバコを吸うのをやめておこう」と決心して実行することは、今から、一人でできることだろう。

「私一人がやめたところで、何の効果もない」と考えてはいけない。それでは誇り高い生き方はできない。

みんながゴミを当たり前のようにポイ捨てするのであれば、「せめて私ぐらい」は、ポイ捨てするのはやめておこう。みんなが時間にルーズであれば、せめて私は時間を守ろう。たった一人、私が決心して、私から行動を起こせる人は、〝救世主〟だ。

人生の合い言葉

26

月をさす指先を見るバカ

「月をさす　指先を見る　バカがいる」と聞いたことがある。

この一言、私は、結構、気に入っている。真実を言い当てているからである。「ほらあんなにきれいなお月さん」と、月を指さしている人がいたとしよう。その時に指さしている月の方を見ないで、月を指さす人の指先ばかり見る人がいるという意味だ。

サラリーマンには、思い当たるフシのある言葉ではないだろうか。「社長が、君のことを怒っていたぞ」と誰かが言ったとしよう。たいていの人は、「何を怒っていた」「どんなふうに怒っていた」と気にする。それは、社長の指先を見ている姿だ。

社長が怒っている真意は何かと考えるのである。「なぜ社長は怒っているのか」と考えるのは、社長が指さす月を見ている姿だ。私もサラリーマンをしたのでよく分かる。ほとんどのサラリーマンは、月を見ないで、指先ばかりを気にしている。

どんな時でも、言葉に振り回されてはいけない。真意を探るのだ。真意が分からないままに、言葉に振り回されていると、「何回同じ失敗ばかり繰り返すのだ」といった叱られ方をする。真意が分からないから、言葉に振り回されるのである。第一、それでは精神衛生的にも悪い。いつも、おどおど、びくびくしていなければならない。

27

箸遣いを変えれば人生が変わる

受験勉強中の孫との、朝の会話である。「塾の先生が、二十年近くもそれでやってきたのだから、癖を変えるのは無理」と言ったとの話だ。

私は、『青年塾』の塾生とのやり取りを思い出した。「長年かかって身にしみ着いた癖だから直らないと考えるから、直らない。直そうと思ったら、その瞬間から直す努力をするのだ。そうすればどんな癖でも直る」。「直せないと思うから直らないのであって、直すのだと思ったら、時間はかかっても必ず直せる」と私は、塾生諸君にいつも言う。

例えば、食事の時に目の前に座った塾生の箸遣《はしづか》いが悪いとしよう。「その箸遣いはおかしいね」と注意して、正しい持ち方を教える。「三十年もこの箸遣いをしてきましたから、簡単には直りません」と、本人は開き直って言う。「直らないのではない。直そうとしないから直らないのだ」と厳しく教える。そして、「箸遣いを変えれば、人生が変わる」とも教える。普通に考えれば、箸遣いを変えたところで人生なんか変わるはずがない。人生は、箸遣いほど簡単ではないという理屈だ。

「この箸遣いは長年かかって身についたものだから、変えられない」と考える限り、人生すべて、「仕方がない」ことになってしまう。「直してみせる」、その考え方が人生を変える。

ある塾生が、『青年塾』の研修を修了して何年か経ってから、「箸遣いを変えたら、本当に人生が良い方向に向かい始めた気がします」と報告してくれた。

人生の合い言葉
28

経験した分、腹がすわる

『青年塾』の研修では、経験を重んじている。「やってみなければ分からない」からだ。例えば、二泊三日の合宿期間中、全員、雑魚寝《ざこね》を基本とする。

家では自分の部屋で快適に一人で寝ているからと、最近は企業の研修所でも、個室の宿泊施設を備えているところが多い。雑魚寝することに最初は抵抗がある。人のいびきや物音などが気になってなかなか眠れないだろう。

しかし、経験しておけば、緊急時にうろたえなくてもいい。仮に災害時に避難所生活を余儀なくされたとしよう。初めて経験する人は、とても眠れたものではない。しかし、『青年塾』の塾生諸君は、平気だ。「雑魚寝には慣れていますから」と言える。すなわち、腹がすわるのだ。

どんなことでも、頭で分かっているだけではだめだ。自ら経験してみる。そうすれば、同じような場面に遭遇した時、「私は経験がありますから」と平然としておれる。

修羅場《しゅらば》をくぐってきた人はたくましい。修羅場とは、過酷な経験をさしていう。せめて研修の時には、命に差し支えない範囲で、修羅場をくぐらせたいものである。

単なる座学や見学では本当の学びはできない。話を聞いただけでは、あるいはガラス越しに見ただけでは、本当の苦労は分からない。『青年塾』の研修では、ほんのわずかな時間でも、「経験してみる」ことを最重要視しているのだ。

第三章

小さなことに心を込める

人生の合い言葉

29

一流に妥協なし

松下政経塾に勤務した関係から、世に一流と言われる多くの人たちとのご縁に恵まれた。様々な分野の人たちではあるが、共通しているところがたくさんある。

中でも共通しているのは、「一流には妥協がない」ことである。「まあいいか」とか「そこそこだな」といったあいまいさがない。

例えば、陶芸家を例にとってみよう。窯《かま》を開けた時に、「私の思いと違う」と、容赦なく、満足できない作品をその場で叩き割る人は一流だ。しかし、「まあせっかく焼いたのだから、少し割り引いて売ったら」といったことを言う人は、商売上手であっても一流の陶芸家ではない。

少なくとも、自らが命を懸ける分野での仕事に対して、「まあこの程度でいいか」と言う人は、やはり一流ではない。言葉を変えれば、「一流には妥協がない」のである。その妥協のない厳しさに接するだけで、自らの身を正される。

そして自らに言い聞かせる。何かに取り組む時に、「まあいいかこの程度で」と妥協的に考えているうちは、二流、三流の域を出ないことを。自らのやる仕事については、寸分といえども妥協を許さない厳しさを心掛けていけば、やがて一流への道は開ける。

人生の合い言葉

30

天が見ているぞ！

人の目を意識して行動することは、誰でもできる。「おい、みんな見ているぞ。やめておけ」「おい、誰も見ていないぞ、やってしまえ」。すべては、人の目を基準にした判断である。そしてしばしば、ばれてしまう。昨今、世間は、謝罪、謝罪のオンパレードではないか。すべては、人の目を判断基準にして、ばれてしまった結果である。

人の目ではなく、天の目を意識しようではないか。人の目は、この目で見ることができる。しかし、天の目は、どこを探しても見ることはできない。天の目は、自らの心の中に養うものである。

「誰も見ていないけれども、天に見られている」と考えて、やってはならないことは絶対にやらない、やるべきことは絶対にやることができる人は、まことに偉大である。普段の生活においても、常に、自らの心の中にある〝天の目〟を意識する努力は、人間一流への道だ。例えば、ホテルに一人で宿泊したとしよう。部屋の中で、何をしようが、どんな格好で過ごそうが、誰も見ていない。だからといって、好き放題にふるまうのは、まことに心貧しい姿だ。

〝天が見ている〟と思って、同じ部屋に誰もいなくても、〝一人を慎む〟ことができる人は、尊敬に値する。誰も見ていないからこそ、自らの心の中にある〝良識と良心〟、即ち〝天の目〟に照らして行動しよう。

31

人に求める限り、自らやる

長年にわたって人を導く仕事をしてきた経験から、教育力の原点は、教える人の「率《そっ》先垂範《せんすいはん》」にあると、つくづく思う。言葉を変えるならば、「君たち、やりたまえ」という前に、「私がまずやります」という姿がないと、言葉に説得力が生まれない。

それどころか、みんな、「何を立派なことを言うか。自分もできないくせに」と思う。そんな目で見られるようになったら、どんなに言葉を尽くしても、教育効果は表れない。

会社でも、部下に向かって、例えば、「君たち、公私のけじめはきちんとするように。絶対に公私混同することのないように」とどんなに厳しく言っても、部下はその言葉に従わない。みんな、言った上司の普段の姿を、厳しく見ている。そして、上司がいささかなりとも公私混同していたら、「自分もできないくせに」と、みんな腹の底で笑っている。

「人に求める限りは、自らやる」努力は、その人の人間性を高める、きわめて身近な実践である。言葉を裏づける実行・実践があってこそ、言葉に説得力という力が備わってくるのだ。

それが権威というものである。権力ではなく、権威で人を動かすのだ。

相手がたとえ子供であっても、「相手に求める限りは自らやる」努力は、私たちの生き方の背筋を伸ばしてくれる。自分自身に厳しい精進なくして、人が従うことはない。

人生の合い言葉

32

今、この瞬間に、命懸け

松下電器を退職して、独立稼業に入ったのは、五十四歳六ヵ月の時だった。生涯安心して暮らせる見通しのある大企業のサラリーマンが、あえて、独り立ちしたものの、お先は真っ暗だった。日々、「本当にこれからやっていけるのだろうか」と不安ばかりが募っていた。

講演の依頼が入った。その時、ハッと気づいた。「今日の講演を、人生で初めてのつもりでやろう。そして、ひょっとするとこの講演が、人生の最後になるかもしれない。与えられた確かな命の瞬間である今に全力を尽くすことだ」「明日を思い煩《わずら》うなかれ、与えられたこの瞬間に命懸け」と、私は講演のたびに、自らに言い聞かせた。

不思議なことに、今に全力を尽くす努力が、人の心を動かし、私の話を聞いて感動していただく人が現れた。そしてその人たちが、次の機会を私に与えてくださる。「うちでも講演してもらえないか」とお声掛けいただき、だんだんと独立稼業《かぎょう》が順調に動き始めたのである。

「明日、頑張ろう」との心意気は、言葉としては存在する。しかし、冷たい言い方になるかもしれないが、明日は生きているかどうかさえ、本当は分からないのだ。確かな命の瞬間は、今しかない。だから、確かな今に全力を尽くすことが、唯一、不確かな明日を開く道なのである。

人生の合い言葉
33

今日の努力が明日の可能性を開く

人間、生まれた時はすべて白紙である。やがて、年齢と共に、自らが進む道筋が浮かび上がってくる。私は、「今日の努力が、明日の可能性を開く」と若い人達に教える。例えば、今、語学をしっかりと学ぶ努力は、将来、世界を舞台に活動する可能性を開いていくことにつながるのだ。

だから、自分の人生の明日の可能性は、今日の努力にかかっている。今日を無為《むい》に過ごして、明日にバラ色の可能性がひらくことはあり得ない。だから、今日の努力と明日の可能性は、一直線上にあるとも言える。なぜ子供のころに学ぶのか、「一流の学校に行くため」などと卑俗な目標を達成するためではない。自分の将来の可能性をより大きく、より広くするためだ。何の努力もしなければ、将来の可能性は何も見えてこない。「努力なくして、将来の可能性はなし」。だから、その人が、今、どんな努力をしているかを見れば、その人の将来の姿はおのずと浮かび上がってくる。

私は子供のころから、文章を書くのが比較的、得意であった。そのために、作文を書く時も、人並み以上の努力をしてきた。やがて社会人になっても、やっぱり文章を得意技とするために、文章に関係する仕事が回ってくることが多くなった。

そして今、文章が人生を開いてくれる。毎日、見聞したことを〝デイリーメッセージ〟として作成している。三十年間、一日も休んでいない。

人生の合い言葉

34

言われてやるな、気づいてやれ

どんなことでも、人に言われてやることには基本的に力が入らない。ついつい、「僕がやるのですか？」とか、「今すぐですか？」とか、「本当にやらなければなりませんか？」といった言葉が口をついて出てくる。それは、根っこのところに〝やる気〟がないからである。

ところが、同じことでも、自らがやりたいと思って取り組むと、俄然《がぜん》、積極的になる。「もう時間だから切り上げてください」と周りから言われても、「いや、間もなく完成しますから、もうひと頑張りします」と言えるのだ。それはやっている仕事、作業の内容によるのではない。同じ仕事であっても受け身でやるか、能動的にやるかの違いである。

『青年塾』では、毎回の講座で、〝掃除研修〟に取り組む。幹事役の塾生が役割を振り分けて、掃除に着手する。塾生たちは、「決められた役割にしたがって、掃除をさせられている」のである。そこで私が気づいたことは、「やらされてやる掃除ではなく、やりたくてやる掃除に転換しよう」ということであった。

まず、掃除の場所に行ったら、各自が、どこに汚れがあるかを自分で見つけ出すところから始めるのである。やがて、それぞれに汚れた場所を探し出してくる。そこで、「自ら見つけ出した問題点は、自ら解決してください」と言う。自分で見つけた汚れを自らきれいに掃除するのだ。すると、なぜか掃除に一段と力が入るのだ。

人生の合い言葉

35

一つを励めば、すべてが変わる

「あれもしろ、これもしろ」と言うと、「そんなにたくさんできません」と言う人もいるだろうし、やるにはやるけれども、どれも中途半端に終わってしまう人もいる。

私は、「あれもこれもしなくていい。どれも中途半端に終わるから。その代わり、これならやれるというものを一つ選んで、それだけは徹底してやれ」と教える。不思議なことに、一つを徹底してやるうちに、だんだん身についてきて、ほかのことまでできるようになるのだ。

子供のころ、すべての学科の点数を上げろと言われると、どの学科の点数も上げることができなかった。そこで、「一番好きな学科を一つ選んで、それだけは頑張れ。クラスで一番になれるまで頑張るのだ」と教えられた。そして一つの学科がクラスで一番になれるほど上がってくると、ほかの学科の成績も徐々に上がり始めた。勉強のコツが分かり、自信がつくからだ。

私は、三十年間、一日も欠かさず〝デイリーメッセージ〟の制作を継続している。一日千四百字前後の文章を、ひたすら書き続けている。

最近、しみじみと、デイリーメッセージを継続するうちに、人生が変わってきたと実感する。毎日の題材探しをするうちに、気づく力が育てられていく。気づく力が育つと見るもの聞くことすべてが興味深くなり、人生が豊かで楽しくなるのだ。

人生の合い言葉

36

〝打てば響く〟は縁の始まり

ラブレターを出したとしよう。気になるのは返事だ。毎日、郵便ポストを見るだろう。出した翌日に返事がくれば、〝打てば響く〟である。たったそれだけのことで、相手と意が通じた気がする。逆になかなか返事がこなければ、「縁がなかったか」と思う。とうとうこなかったら、縁が切れたことになる。

すべて、〝打てば響く〟対応をすれば、相手との間に意が通じるのだ。「この件、いかがしましょうか?」と尋ねて、すぐに回答がきたら、それだけで「気に入った」と、相手は好意を持ってくれる。逆にいつまで経っても何の返事もないと、「私を無視するのか」といった怒りを買う。『青年塾』では、研修を終えたら、翌週の朝一番に研修報告書を上司に提出することをやかましく教える。〝打てば響く〟報告ができる人は、上司の信頼を得ることができる。研修に行っても何の報告もしないと、「本当に研修に行ったのか」とまで言われかねない。

とりわけ不都合な時ほど、〝打てば響く〟だ。相手が激怒《げきど》していると聞いたら、誰でも腰が引ける。相手の怒りが収まってから出かけようと思う。そうすると、「今頃、のこのこやって来てなんだ」と、益々《ますます》、怒りを買う。不都合な時ほどすぐに相手のところに走っていくのだ。激しく叱られるだろう。しかし、やがて相手の気持ちが静まる。「まあ、言い過ぎたけれどもな」と心が落ち着くと、縁が生まれる。

人生の合い言葉

37

小さく生んで大きく育てる

物事に着手する時、成功のコツは、小さく起こして、だんだんと大きく育てていくことだ。最初に大きく起こしてしまうと、見栄えはいいだろうが、最終的には回り切れなくなって、やがて頓挫してしまう。

松下幸之助は、「将来、世界に冠たる巨大企業をつくるのだ」と思ったことなど一度もないと言い切る。「とにかく、会社が小さな時には小さいなりに、与えられた仕事をこつこつと全力でやってきた。そして気がついてみたら、世界的な企業の仲間に入っていた」としばしば述懐した。

大きく広げて物事を始めると、資金的にも、人員的にも、その他もろもろ、すぐに回らなくなる。はじめは小さくていい。自分ができる範囲で精いっぱいやろうとすればいい。それが本当に良い仕事であれば、世間がほうっておかない。小さな仕事に全力を尽くしていけば、あとは世間がだんだん大きくしてくれるというわけである。

何を始める時でも、小さく起こすのだ。まずはたった一人でやれる範囲から着手するのである。小さく起こして、万一、うまくいかなければ、傷も浅い。再起ができる。

松下幸之助が、「店でも会社でも大きくしようと思ってはいけない。店や会社は世間が大きくしてくれるものだ」と教えた言葉が忘れられない。いかなる大企業も、最初は個人企業から始まっている。国営でもない限り、最初から大企業はない。

人生の合い言葉

38

撤退ができてこそ、経営者として一人前

拡大は、世間体がいい。例えば、「営業の拠点《きょてん》を倍にします」などと発表すると、世間の人たちは、その勢いのよさを、まぶしいものを見るかのように称賛してくれる。だから、見方によれば、拡大は誰でもやろうと思えばやれる。

逆に、撤退《てったい》は、基本的にはみっともない。「このたび、営業の拠点を半分に減らします」と言った瞬間から、世間の人たちは、「あの会社、危ないのではないか」と、疑いと不安の目を向ける。それが耐えられないから、「撤退」の決断は容易ではない。

松下幸之助は、「撤退の決断ができる人が、本当の経営者である」と言ったことがある。その時に、「槍《やり》の名人はな、突きよりも引きや。槍を相手に向かって突く時よりも、引く時のスピードの速い人が名人や」と教えてくれたことがある。

「ここはいったん退却だ」の一言は、よほどのリーダーでないと口にはできない。しかし、退却、撤退は、言葉を変えるならば、「他日《たじつ》を期《き》す」ことである。撤退する瞬間は、世間体が悪いけれども、戦力を温存することによって、再起を期すことができる。逆に、見込みのないままに突撃することは、やがて玉砕につながる。玉砕《ぎょくさい》してしまったら、そこでおしまい。再起を期すことはできない。

「ここはいったん引きだ」と世間体の悪い決断ができるなら、経営者としては一人前ということだ。

人生の合い言葉

39

小さな仕事で大きな差がつく

新入社員時代、町の電器店さんで、およそ半年、店員として働く研修があった。実際にものを売ることの難しさや楽しさなどを体験的に学んだ。

当時は、カラーテレビが世に出た直後で、誰でもが欲しがる花形商品だった。お店に、「カラーテレビを持ってきてくれないか」と注文が入ると、店の人たちは、「はい喜んで」と、「明日でもいいから」と言っても、今日すぐにお届けする。稼ぎ頭《がしら》の商品だから、当然の反応である。逆に、「蛍光灯が切れたみたい。ちょっと来てくれない」という電話が入ると、カラーテレビの注文が入った時と裏腹に、対応が冷たくなる。「ちょっと手を放せないので」と口ごもる。「いつ来てくれると?」さらに聞かれると、「なるべく早く」と、さらに口ごもる。店員の正直な気持ちだろう。

しかし、私は新入社員ながら、本当は逆ではないかと思った。カラーテレビよりも蛍光灯の修理を先にすれば、間違いなく繁盛店になれるのではないかと考えたのである。

お客様の立場に立てば、蛍光灯《けいこうとう》の修理を頼む時には遠慮しておられる。それに即対応すれば、「ごめんね、忙しいのに」と恐縮しつつも、ありがたみを痛切に感じる。ありがたみを感じた人は、周りの人にも言うし、いつかお返ししなければならないと思う。人が嫌がる小さな仕事で、実は大きな差がつく。繁盛店はどんなわずかな注文でも心から歓迎することが、お客さんを喜ばせることを知っている。

人生の合い言葉

40

不義理が世間を狭くする

「義理を欠いてはいけない。義理を欠くと、肝心な時に、まずいことになる」と若い人達に教える。

例えば、ある人にお金を借りて返していなかったとしよう。たまたま、町を歩いていたら、借りた人が向こうからやって来た。顔を合わさないように、逃げ回らなければならない。天下の大道《だいどう》を、大手を振って歩くことができないのだ。

また何かの不義理をした人がいたとしよう。どうしてもその人の家の前を通ることがはばかられる。遠回りしなければならない。

不義理が多いほど、自分の顔をさらすことがはばかられる。即ち、自ら、世間をどんどん狭くしているのだ。

不義理を重ねるほどに、世間は狭くなる。世間が狭くなれば、まことに窮屈《きゅうくつ》な生き方をしなければならない。

自らが生きる世界を狭くすればするほど、人生は窮屈になってくる。小さな不義理が、大きな人生の負担となる。借りた金は返す、約束した時間は守る、そんな日常生活で当たり前のことをきちんと守ろうと決心した時、世界は広々としてくる。

天下の大道を、誰にはばかることもなく、胸を張って堂々と歩くためにも、義理は欠かないことである。

人生の合い言葉

41

自分のことで悩んではいけない

人は、自分のことで悩み始めると、どんどん苦しくなり、やがて自らを見失ってしまうか、自らを否定してしまう。だから、『青年塾』の若い人達に、いつも、「自分のことで悩んではいけない」と教えている。

自分のことに関する悩みは、「何とかなる」と開き直ることだ。また、何ともならないのであれば、あきらめればいい。自分にとらわれればとらわれるほど、悩みは深くなる。悩みを解決する道はただ一つ、「自分のことはいい」と自らにとらわれる心を振り払うことである。悩むのであれば、人のことについて悩むのだ。「あの人、本当に大丈夫だろうか？　何とか助けてあげられないか？　力になってあげる方法はないか？」などと真剣に悩むのだ。その悩みは、相手には大きな助けになり、自分には得難い救いとなる。他人の悩みを悩めば悩むほど、人は自らの心が優しく大きくなる。

『青年塾』の講座の中に、〝塾長と語る〟時間がある。塾生の一人一人が自らの悩みを吐き出して、私がそれに答える。一人の塾生が話す悩みを聞くうちに、他の塾生達は、自分の悩みと共通していることを知る。悩みの共通していることを知るに従い、お互いの間に仲間としての絆が結ばれるのだ。

困った人や苦しんでいる人、悩んでいる人を見たら、見て見ぬ振りができない。それこそが、〝心豊かな人〟である。

人生の合い言葉

42

任せて任せず

「これは君に任せた。頼んだよ」とまでは、経営者なら誰でも言えることだ。問題はその後だ。「任せたよ」が、そのまま、「任せっぱなし」に終わっている場合がほとんどである。そして、何か事が起きて初めて、「君に任せておいたはずだ」と責め立てる。「任せっぱなし」は、私に言わせれば、〝放任無責任経営〟である。

松下幸之助は、〝任せて任せず〟としばしば、口にした。何を任せて、何を任せないかを峻別《しゅんべつ》できるのは、経営の勘所《かんどころ》である。枝葉末節《しようまっせつ》に口出しして、肝心のところはほったらかしでは、「任せた」ことにならない。

例えば、私の主宰する『青年塾』は、多くの企業の社員を、塾生として預かっている。私は派遣してくれた経営者諸氏にお願いする。「塾生が研修を終えて帰ってきたら、研修はどうだった？　と一言聞く努力が必要です。青年塾に任せてあるからと、研修から帰ってきても何も聞かなければ、任せきり、ほったらかし経営です。第一それでは塾生も学んできた甲斐がない」と言う。

かつて、松下電器の経営は、事業部制を中核にした、徹底した〝任せる経営〟であった。事業部長は、その会社の社長のつもりで経営をするようにと、権限をすべて委譲していた。完全な〝任せる経営〟を貫いていた。しかし、ただ一つ、お金の動きと流れはきちんと本社でつかんでいた。〝任せて任せず〟の経営のモデルだった。

第四章

最高の〝今〟を生きる

人生の合い言葉

43

やる気がなければ"愚痴"が出るやる気になれば"知恵"が出る

『青年塾』では、コロナ禍の中、講座を再開することを決めた。

多くの塾生は、「まだ感染の危険が去らないのに、講座を始めるのは時期尚早《しょうそう》だ」と言う。その考えがある間は、出てくる言葉はすべて〝愚痴《ぐち》〟である。「どうして危険を冒《おか》してやるのだ」、「もし感染したらどうしてくれる」、「上司も家族も反対です」などと、際《さい》限《げん》なく出てくる。

しかし、「やりましょう」と腹をくくった人は、決して愚痴を言わない。「こんなふうにすれば感染を防止できると思います」などと、出てくる意見はすべて前向きである。また、感染に熱心に取り組んでいる事例などをわざわざ見に出かけていって、「これは私たちも採用できます」などと、様々な提案も出てくる。要するに、次から次へと、前向きの知恵や工夫が湧いて出てくるのだ。

それだけではない。前向きに考えているうちに、だんだん自信が身についてくる。「備えをきちんとすれば、大丈夫だと思えるようになってきました」と言う。

やると決心するから、知恵が生まれてきて、その知恵が自信をもたらしてくれるのである。じっと座って、「危ないよな」、「早過ぎるよな」と愚痴を言い続けている人から、知恵と意欲は決して湧いてこない。

それどころか、やる気のエネルギーがどんどん逃げていく。

人生の合い言葉

44

無言の教育力

――語らずして導く

平成七年、松下政経塾に出向していた私に、松下電器の本社に復帰するようにとの社命が下った。五十四歳の時だ。

私は大いに迷った。「日本の未来をひらく立派なリーダーを育てるのだ」と打ち込んできた私にとって、再び、ビジネスの社会に復帰することに、何となく抵抗があった。

その時、私はふと、今まで塾生諸君に教えてきたことは何だったのかと考えた。「リーダーたる者、己の損得を超えろ。目先の損得を考えるな。己の立身出世ばかりに目を奪われるな」と、実に立派なことを教えてきたではないか。その私が自分のことになったら、さっさと松下電器に復帰し、出世競争に目の色を変えていたのでは、申し開きが立たないのではないかと考えた。

口ではいくらでも立派なことを言える。もし私が松下電器に復帰して、出世競争にのめり込んだら、松下政経塾の塾生達は、「〝己の損得を超えろ〟などと立派なことを言って。自分を見てみろよ。松下電器に帰って出世競争に目の色を変えているじゃないか。なぁーんだ、あれは、立場上、きれいごとを教えていただけか」と言うのではないかと思った瞬間、「松下電器を退職しよう。言葉に責任を持とう」と決心した次第である。

人生の合い言葉

45

他人を変えることはできない自分から変わる！

「何度、同じことを言わせるのか」と、相手を責め立てる人がいる。その気持ちはよく分かる。しかし、長い人生経験を通じ、自分の思うように他人を変えようとすることは傲慢であることに気づかされてきた。わが妻はもちろんのこと、わが子やわが部下も含めて、他人を自分の思うように変えることなどできないのである。部下は、サラリーマンだから、多少、変わったふりはしてくれる。しかし、それは、ふりであって、心の底からこちらが期待するように変わることなどない。

それは相手が悪いのではない。「他人を自分の思うように変えようとする心」が間違っているのだ。私は、人生経験を通じて、「わが人生で、私の責任でもって変えられるのは、自分自身しかない」ことに気づいた。「何回、同じことを言わせるのか」ではない。何回同じことを言っても効果がないのは、私の言い方が悪いからではないだろうか。言い方を変えてみよう。これが、自分から変わることだ。

それは決して損なことではない。自らが変わる勇気は、自らが成長するための基本中の基本である。例えば、選挙に落ちた時、「相手が強かった」と考える人は、また落ちる。「私の力不足でした」と自らを厳しく振り返る人は、次は当選を期待できる。「商品が良くないから売れない」と言うセールスマンがいる。そういう人はいつまで経っても売れない。「売り方が悪いのか?」と自らを振り返る人は、道を開いていく。

46

万事万物、すべてわが師

「万事研修《ばんじ》」は松下政経塾の〝塾生心得〟ともいうべき言葉の一つである。そして何より、松下幸之助自身の学びの真髄を表す言葉である。

私は直接、松下幸之助から教えられた。「君な、本当に求める気持ちがあったら、目の前を横切った犬の振るしっぽを見て、はっと気がつくことがあるのや。その時は、犬のしっぽが先生となる」と。何か悩みや課題を抱えて、「どうすればいいだろうか」と思っている時には、そのこととは全く関係ないことであっても、「そうか」と思うヒントを得ることがある。多くの人達が経験するところであろう。

ニュートンは万有引力を発見した人だ。発見のきっかけは、リンゴの木からリンゴが落ちる様子を見てひらめいたことにあると聞いた。古来、リンゴの木からリンゴが落ちる様子を見た人は、数えきれないほどたくさんいたはずだ。しかし、誰一人、それをヒントに万有引力《ばんゆう》を見つけることはなかった。

なぜニュートンはリンゴの木から学んだか。それは、常に、「どうしてだろうか」と考え、求め続けていたからだ。「そうか」と、ひらめいたのは、リンゴが落ちる様子を見た時だ。ニュートンにとって、リンゴが大切な先生だったと言える。

〝求める心〟が強ければ強いほど、「万事万物《ばんぶつ》、すべてわが師となる」。漫然《まんぜん》と生きていたら、何を見ても何も感じない。

47

〝退路〟を探すな
〝活路〟を探せ

コロナの感染の第二波が伝えられている日々、あえて『青年塾』では、講座を再開した。再開した一番の理由は、「今、危険だから」。世の中、「危険だからやめる」と考える人達が大半だ。私は違う〝人はいかに生きるべきか〟をテーマとして学ぶ青年塾にとって、〝危機に備える〟ことは重要なテーマである。〝危機に備える〟生きた学びは、危機にある時が一番の学びの機会だ。危機がすべて去ってから、〝危機にいかに備えるべきか〟の勉強をしても、平和ボケだ。

一歩間違うと、感染してしまうかもしれない危い状況だからこそ、「いかに感染を防ぐか」というテーマは、死活問題になる。誰もが、真剣に取り組むはずだ。いい加減な準備であったり、事態を甘く見たり、取り組みの手抜きをしたら、しっぺ返しは〝感染〟である。感染の心配が全くない時に、「いかにして感染を防ぐか」というテーマで勉強しても、身が入らない。一歩間違えば感染する危険性があるからこそ、本気で、真剣に学ぶと気付いたのである。

塾生達も、やる気のない時は〝退路〟、即ち逃げ道ばかりを探している。私は、「退路を探すな。活路を探せ」と教える。〝活路〟とは「生き抜く道」である。「どうすれば、この厳しい条件をかいくぐり、所期《しょき》の目的を達成できるか」を考えてこそ、本当の成長を遂《と》げられる。

人生の合い言葉

48

お茶を濁すな！

「適当にやっておこうか」といった、いい加減な姿勢で取り組んでいて、最高の結果は決して生まれない。最高の結果は、最高の努力の結果得られるものである。『青年塾』では、いい加減な取り組みを決して許さない。「私も、肝心の時はきちんとやりますから」と言う人は、肝心な時も、うまくいかない。いつも目の前のことに一生懸命取り組む人は、肝心な時にもきちんとした成果を上げることができるのだ。

松下幸之助は、「僕は大きな計画を持ち、それに向かって努力するタイプではない。目の前のどんなことにも、決して力を抜かずに、全力を尽くすことに努めてきた。そして気がついたら、ここまで会社が大きくなっていた」と言う。目の前にある役割、仕事、勤めなどを、適当にこなすのではなく、ベストを尽くしてきた結果、大をなしたというわけだ。

どんな些細《ささい》なことにも、最善を尽くす。これが、良き人生を開くコツだ。人はとかく、自分の取り組むことに軽重をつける傾向がある。大切なことはしっかりやり、簡単なことは適当にやり過ごそうとする。それではだめだ。どんな平凡なことにも、手抜きをしない。その積み重ねが、〝良き人生〟を開いてくれるのだ。

いついかなる場合も、どこでも、どんなことに対しても、決して、お茶を濁してはならない。ライオンや虎は狙う獲物によって手加減していない。いつも全力、真剣だ。見習うべし。

人生の合い言葉

49

ギブ＆ギブ＆ギブ

一般的には、「ギブ&テイク」と言う。一つ与えれば、一つ得るといった意味だ。『青年塾』は、そんなレベルでとどまらない。第一、一つ与えるものがあれば、一つ得られるなどといった見方には、まだまだ打算がある。

〝テイク〟即ち、「得る」ことなど全く考えない。それが、「ギブ&ギブ」である。日本語で言えば、「与えて、与えて、与えて、与え尽くす」心意気である。与えっぱなしだから、見返りなど求めない。

それが『志』の第一歩ではないだろうか。見返りを求めて与える心構えは、人に嫌われる。人は、〝ギブ&ギブ〟の心を持てば、おのずと不足、不満が出てこなくなる。「こんなにしてあげたのに」、「人のことを何だと思っているの」、「恩知らず」などといった〝恨み節《ぶし》〟は、与えたものに対する見返りを求めて、得られない不満を表す言葉だ。

私たちは、生まれながらにして大きな宝物を、与えられている。例えば、この命、この体、命を生かす空気、太陽、大地などなど。どれほどの宝物を天から無料でいただいていることか。「与え、与え、与えられて」、今の私がある。とすれば、人生を通じて、お返しし続けなければならない。だから、〝与えて、与えて、与え尽くす〟生き方を心がけようではないか。不思議なことに、〝ギブ&ギブ〟の生き方が、幸せを与えられる、いちばん得な道なのだ。

人生の合い言葉

50

日々の生活は〝人間教育の教室〟

「良き生活習慣は、良き人生を開く」。だから、日々の生活の中で、いかにして良き習慣を身につけていくかは、人生をより良くしていく基本である。言葉を変えれば、日々の生活は、即、〝人間教育の教室〟でもある。

『青年塾』では、研修のためにみんなが集まる講座の時の学び以上に、普段の生活、暮らしぶりを良くすることに力を入れている。だから、みんなで集まって合宿しながら取り組む研修より以上に、日々の暮らしの中で学びをいかに実践していくかを重んじているのである。

言葉を換えれば、研修のために集まった時だけが『青年塾』の学びではなく、普段の生活そのもの、日々の暮らしが『青年塾』の学びであり、実践の場であるという考え方だ。『青年塾』の講座で集まった時だけ、便器に頭を突っ込んで懸命にトイレ掃除に取り組んでも、家に帰ったり、職場に行った時には全く何もしないような人は、『青年塾』の所定の研修が終わってしまうと、途端《とたん》にしなくなってしまうのだ。まさに、〝付け焼き刃〟で終わってしまう。

日々の暮らしの中で、たった一人、黙々と努力し続けていくと、『青年塾』の所定の研修が修了しても、実践は止まらない。止めてしまう方が、違和感が出てくる。そうなれば間違いなく、身についたのだ。身につき始めると、人生が変わり始める。

人生の合い言葉

51

一人青年塾
——たった一人でも
やり続ける

〝一人青年塾〟——これは、『青年塾』の塾生が考えた言葉である。所定の研修を終えた後、〝出発式〟の時に、「これからは、『青年塾』で学んだことを、たった一人でもやり続けなければなりません。〝一人青年塾〟のはじまりです」といった趣旨の決意を述べた。

まさに、その通りだ。大抵のことは、「みんながやるから、私もやれる」のである。『青年塾』で、みんなでトイレ掃除に取り組むから、何の抵抗もなく、私もやれるのだ。しかし、いったん自宅に帰り、職場に戻ると、みんながやらない中で、たった一人でやることは極めて難しい。〝一人青年塾〟、「いつでも、どこでも、一人でも」の心を表している。

〝一人青年塾〟は、自らが塾長であり、自らが塾生である。塾長である自分が、塾生である自分を指導しながら取り組むのである。それができるようになれば、学びは身についたと思っていい。

もはや、「規則だから」「義務だから」「言われたから」といった受け身ではない。自らが主人公である取り組みは、自分の意思でやるのだから、完全に身についたと言ってもいいだろう。

『青年塾』の研修に〝卒業〟はない。生涯塾生である。『青年塾』の講座に参加した時だけの塾生ではなく、人生のすべての場面で塾生であることを求め続けるのである。

人生の合い言葉

52

失敗が
恥ずかしいのではない
繰り返すことが
恥ずかしい

「まことに申し訳ありません。以後、気をつけます」と謝る。私はその時に、「失敗したことは恥ずかしいことではない。恥ずかしいのは、同じ失敗を繰り返して、何度もおかすことだ」と、塾生達に教える。

人は挑戦する限り、失敗はつきものだ。松下政経塾に勤務していた時代、塾生達に、「選挙に絶対に落ちない方法は一つしかない」と言ったら、みんなは、その秘策を聞きたいと身を乗り出した。私の答えは、「選挙に出ないこと」。みんな、「なあーんだ」といった顔をした。しかし、それは真実なのだ。人は、挑戦する限り、必ず失敗の危険がつきまとう。それを恐れていては、何もできないのだ。

失敗が恥ずかしいのではない。同じ失敗を何回も繰り返すことが、恥ずかしいのである。要するに、「懲《こ》りないやつ」「ちっとも分かっていない」といった批判になる。

人生、「二度と同じ失敗を繰り返さない」と腹に決めて、徹底して心掛けて努力することだ。そのためには、なぜ失敗したかといった反省が大切だ。日本人はとかく、「済んだことは仕方ない。水に流そう」と言う。失敗したことは、二度と繰り返さない。そのためには何に気をつければいいかを厳しく反省しなければならない。また厳しい反省があってこそ、次の成功の道がひらく。その努力を続けていくならば、周りの人達は必ず、あなたを信用してくれるようになるだろう。

53

知らないことは
恥ずかしくない
知ろうとしないことが
恥ずかしい

塾生諸君に何かを質問すると、「知りません」と言って恥ずかしそうにうつむく人が多い。私は、「知らないことは恥ずかしくない。恥ずかしいのは、知らないことを知らないままにほうっておくことが恥ずかしい」と教える。

これだけグローバル化して、情報が氾濫《はんらん》してくると、知らないことが多いのは当然である。それどころか、知っていることの方がはるかに少ない。だから、知らないことは、見方によれば、当たり前なのだ。

問題は、「知りません」と言った後だ。私が観察してきた限りでは、「知りません」と言ったまま、知ろうとしない人がほとんどだ。だから、「知らないまま調べようとしないこと、知ろうとしないことの方が恥ずかしい」と教える。

「知りません」と言った後、ちょっと調べてみようとする努力が、人を成長させるのである。まして最近は、スマホやパソコンを利用すれば、すぐに調べられる。「この花、何？」と聞いた時に、「さあ、何でしょうね。分かりません」と言った後の様子を観察すれば、その人が将来伸びていくかどうかが分かる。知らないままに通り過ぎていく人はだめだ。

人によっては、すぐに調べて、花の名前を教えてくれることもある。そういう人は、やはり成長株だ。そんな些細な態度は、人の将来性を見抜く一つの方法だ。

人生の合い言葉

54

困難な時に差がつく

「本当の差は、逆境の時につく」と、松下幸之助に教えられた。例えば、好景気の時には、経営力のあるなしとは関係なしに、モノはどんどん売れる。ブームになれば、経営力がなくても景気力で飛ぶようにモノは売れる。

ところが、不景気になった途端、経営力がないと、物は売れなくなる。

例えばコロナ禍の日々は、ほとんどすべての人にとって逆境の時である。モノは売れない、客は来ない、手の施しようがないと、お手上げの状態の人はますます落ち込む。しかし、「これも見方を変えたらチャンスではないか」と考えられる人は、様々な新しい手を打っていく。次のステージの差は、不景気、逆境の時につくのである。

すぐには成果が表れないだろう。しかし、やがてコロナ禍が通り過ぎた時、お手上げの人は、なかなか立ち上がれないが、困難な時もあくなき挑戦をして、様々な新しい試みをしてきた人は、新しい時代に向けて力強く離陸《りりく》できる。

だから、困難な時こそ、「いかに対処するか」が厳しく問われるのだ。途方に暮れるような状況であっても、「何とかして乗り越えよう」と努力している人は、困難が過ぎ去った後、飛躍的に成長していく。

困難な時に、途方にくれてはいけない。何もしないままに呆然と時を過ごしてはいけない。無策は、絶望の道。困難な時に、次の時代の差がつくのである。

人生の合い言葉

55

「あいにく」の一日はない

研修の当日、雨が降っていたとしよう。「今日はあいにくの雨でして」と塾生が話し始めると、必ず、「人生に〝あいにくの一日〟はない」と、私は制する。

普段の生活のあらゆる場面で、雨の日に使われる常套句《じょうとうく》が、〝あいにく〟の一言である。雨が降っていることを、好ましくないと受け止めて、〝あいにく〟とつい口に出してしまうのである。

かつてパナソニックの迎賓館《げいひんかん》である真々庵《しんしんあん》の支配人が、〝あいにく〟と口にしないことに気づいた。どんなに雨が降っていても、支配人はお客様をお迎えする時に、決まって「今日は最高の雨です」と言う。そして、「ご覧ください。雨に煙《けぶ》る東山《ひがしやま》の山々。まるで水墨画《すいぼくが》の世界です。今日は最高ですね」と言う。

そんな言葉で迎えられると、それまで〝あいにくの雨〟と残念がっていたお客さんの気持ちがガラッと変わる。「確かに、静かな雰囲気といい、すばらしいですね」と言う。

考えてみれば、〝あいにく〟という言葉を習慣的に使っているけれども、本当は、いつも、「今日が最高」でなければならない。「この土砂降《どしゃぶ》りの雨、静かに、落ち着いて学ぶためには最高ですね」と受け止めれば、大雨もまた、最高になるのである。

命の確かな瞬間は、本日只今しかない。命の確かな瞬間に〝あいにく〟はない。いつも、「今が最高」である。

人生の合い言葉

56

桜は偉いぞ

新型コロナウイルスの世界的な蔓延《まんえん》のため、令和二年三月、日本中に緊急事態宣言が発令された。そして、国民がこぞって〝自粛生活〟を余儀なくされた。普段は全国各地、さらには海外を飛び回っている私もまた、在宅の生活に釘づけになった。

運動不足になってはいけないと、日々、近所の公園を散歩した。池の周りには桜の木が植えられている。満開の時には、桜のトンネルになる。「遠くに出かけなくても、近所にこんないいところがある」と悦《えつ》に入《い》っていた。

ある時、「桜は偉いな」と独り言を言って、桜の木に思わず頭を下げた。自分が植えられた場所から一歩も移動することなく、しっかりと自らの持ち場に根を張っている。それればかりか、「隣の木には負けまい」などと肩ひじ張ることなく、自分の足場にしっかり根を張り、精いっぱい、花を咲かせて、みんなを喜ばせている。桜は、人間より偉いなと思うと、自然に頭が下がった。

人間ならそうはいかない。「こんな不便なところに植えやがって」とか、「あいつにだけは絶対負けないぞ。この中で一番に咲いてやる」とついつい我が出てきて、〝醜い花〟が咲く。桜に見習い、自分が置かれた場所を喜んで受け入れ、そこにしっかりと根を張り、時がくれば自分なりに精いっぱい花を咲かせて、みんなを喜ばせるような人生を送りたいものである。桜は実に立派だ。

第五章

人間力を高める

57

非常時も、
三日続けば、平常時

非常時になると、人は浮《う》き足立《あしだ》つ。時にはオロオロして、日常生活の日々、当たり前のことにも力が入らなくなる。そして、「早く元に戻らないか」と、うつろな時を過ごしがちである。

コロナ禍の日々、ついつい、それまでののびやかで何の制約もなく、好きなことを好き放題やれていた状態が再び戻ってくることを期待しがちである。それは、「今」を受け入れられないからだ。

「今」がどんなに不自由であろうと、どんなに受け入れがたいものであろうと、「今」以外に確かな現実はあり得ない。今日にベストを尽くす以外に生きる道はないのだ。確かな「今日」をおろそかにしておいて、不確かな「明日」を思い、心待ちにする生き方をしている限り、足は地面から離れ、浮き足立ったままだ。

どんな異常な事態であったとしても、三日も続けば、「これが当たり前」と覚悟を決めなければならない。それによって、人は、〝平常心〟を取り戻し、足が地面に着き始める。足が地面に着けば、しめたものである。きっと、「この不自由と思われる事態から、新しい改革や工夫が生まれてくる」であろう。

〝谷底〟もまた、これが当たり前の世界と思えば、そこに広がる景色もまた、なかなか味があるではないか。

人生の合い言葉

58

断固として貫く覚悟があるか？

「断固《だんこ》としてやり抜く覚悟」がなければ、人はついてこない。とりわけ、リーダーは、何事をやる時でも、「断固」の二文字は必須条件だ。

「断固」ほど難しいものはない。人が頭で考えたことは、「断固」を遠ざける。人に批判され、否定されると、ついつい迷いが生じるからだ。人は、腹で決めたことでなければ、「断固」を貫くことができない。

腹で決めるためには、私心を捨てなければならない。頭の中で自らの損得を計算している間は、「頑固」になれても、「断固」になれない。「断固」として貫くためには、「天下のために」「みんなのために」「世のため人のために」といった『志』、大義がなければならない。

昨今、日本には、人材はいても、人物はいないと痛感する。即ち、自分の損得のために器用に動き回れる人はいても、天下のために命懸けで物事に取り組む腹のすわった人の何と少ないことか。総理大臣は内閣支持率、政治家は選挙、経営者は売り上げや利益、占有率、株価に汲々《きゅうきゅう》としていないだろうか。どんなに言葉を尽くしても、着込んだ服の下に、私心という〝鎧《よろい》〟が見えていると、誰も信用しない。

人は、物事に取り組む時には、「自分のため」の小さな計算を捨てて、「天下のため」という大きな計算をして、断固として自らの信念を貫くのだ。

人生の合い言葉

59

運と愛嬌や

松下政経塾の第一期生として応募してきた人は、九百七人。その中から、二十三人を選んだ。大変〝狭い門〟であった。最終試験は、松下幸之助自らが一人一人と面接した。いわば、松下幸之助の眼鏡にかなった人を厳選したことになる。

当然、〝経営の神様〟とうたわれた松下幸之助が、受験生のどこを見て採否《さいひ》を決めたか、関係者はみんな気になった。

ある外部のマスコミ関係者が質問した。「ところで、松下さんは、受験生のどこを見て選ばれたのですか?」と。その時の答えは、未だに語り草になっている。「運と愛嬌《あいきょう》ですな」と答えたのだ。

運も愛嬌も、偏差値や知能指数などといった能力と異なり、どちらも数値化できない。数値化できない能力こそ、実社会では大切だというわけだ。確かに、どんなに優秀な能力を持ち、一流大学を首席で卒業しても、それだけでは、例えば選挙には勝てない。「人に好かれる愛嬌」と「何事につけ運が強い」と言われるような人は、選挙に勝てる可能性が高い。

営業マンでも、どんなに販売の最新知識を習得しても、「何となく好きになれない」とお得意先に言われるようでは、モノは売れない。営業マンもまた、「運と愛嬌」というわけだ。愛すべき人は、自然と運もついてくる。

人生の合い言葉

60

学歴で商品は売れない

大学を卒業するまでは、「学歴さえあれば」の一念で勉強に励んでいた。一流の大学を出て、一流の会社に入って、とんとん拍子に出世するためには、世に一流と言われる学校を卒業しなければならない思い込みで、一直線に走り抜けたように思う。

ところが松下電器（現在のパナソニック）に入社した時、待ち構えていたのは、町の電器店さんの一店員として働く販売店研修だった。私が入社した昭和四十年は、とりわけ景気が悪くて配属先が決まらない。結果的に、半年足らずの期間、一店員として働いた。

その時に、衝撃的だったのは、「学歴さえあれば」と懸命に獲得した学歴では、テレビ一台売れないことである。「私は、○○大学を卒業しました」とどんなに胸を張ったとしても、お客様は、「それがどうした」と相手にしていただけない。「へぇ、そんな立派な大学を卒業されたのですか、是非、テレビを買わせてください」と言っていただけないのだ。

当たり前と言えば当たり前のことではあるが、実社会に出て、初めて味わう落差であった。学歴では、テレビどころか、アイロン一台、蛍光灯一本売ることができないのだ。

必要なのは、〝学力〟ではなく〝人間としての魅力〟であることに気づかされた。松下幸之助もまた終始、実社会では〝学力〟より〝人間力〟と教えた。

61

「一体、それはなんぼ(いくら)や?」

私が松下電器の本社広報部門で仕事をした当時、松下幸之助に報告したり、決済をもらいにいくような時、周りの先輩や上司達が、「自分の仕事に関することについては、数字を頭に入れておけよ。必ず聞かれるからな、〝一体、それはなんぼや〟と」と忠告されたものである。松下幸之助は口癖のように、「それはなんぼ（いくら）や？」と聞いた。それは、「常にコストを考えて仕事をしろ」という教えでもあったのだ。

かつて先輩が、宣伝のコピーを考えていた時、松下幸之助がそばに来て、「いい鉛筆やな、ところでそれは一本いくらするのか？」と聞いた。それだけではない。「その紙は一枚どれくらいするのか？」、さらには、「その広告で、君はいくら売るつもりか？」と畳み込まれて、絶句したという。

時には、昼の弁当にも及んだことがある。「この弁当はいくらか？」。そして値段によっては、「内輪《うちわ》の会合に、そんな高い弁当はいらん」と叱られた。あらゆる機会にコストの意識を求められた。それが、「なんぼや？」の質問に集約されたというわけだ。

松下政経塾時代、塾生募集の広告の決済をもらいにいったことがある。まず聞かれたのは、「今年は何人採るつもりや？」。「昨年の半分ほどです」と私。「広告代はいくらや？」。「この半分の大きさでええわ」と答えが返った時には、頭の中が真っ白になった忌《い》まわしい思い出がある。

人生の合い言葉

62

ケチなことを考えるな
人間がケチになる

松下幸之助は、若い人達に、「自己のみの利益を計るようなケチな、狭い了見を持つな」と厳しく教えた。

自分の損得計算ばかりしている人は、〝ケチ〟な人だ。どこからどう見ても、魅力的な人間には見えない。そして、なぜか今の世の中、自分の損得計算にたけた人ほど、小ざかしく立ちふるまって、大きな顔をしている。人を蹴落《けお》としてまで、自ら這《は》い上がろうとする受験競争は、〝ケチ〟な人を育てる典型的な教育だろう。受験エリートは、気をつけないと、目先の自分の損得に目端《めはし》がきく、〝いやな人〟になってしまいがちだ。

薄給《はっきゅう》に泣いているサラリーマンの中には、交通費の請求をついついごまかしたりするものだ。実に、ケチなことを考える。

そんな時に、「いかん、いかん。ケチなことを考え、ケチなことをしていると、人間がケチになって取り返しがつかなくなる」と、自らに言い聞かせたことを鮮明に覚えている。

その人が、〝頼むに足る人〟かどうか、将来は大器として羽ばたくかどうかは、自分の損得に執着している度合いを見ればいい。

人のためには、何一つ自分のものは差し出さない。その代わり、自分のためなら目の色を変えて、前にしゃしゃり出る。そんな〝ケチな人〟は、願い下げだ。人の上に立ってはいけない。

人生の合い言葉

63

不便、不自由、不親切

世の中、手取り足取り、至れり尽くせりがもてはやされる。それに対して、『青年塾』の研修指針は、世の中の流れに逆行して、不便・不自由・不親切を誇り高く掲げている。ホテルや旅館のサービスなら、至れり尽くせりも一つの売り物だ。しかし、人を育てる上で、至れり尽くせりは、人を軟弱《なんじゃく》にするだけだ。これを世に、〝過保護〟と言う。まさに人をダメにする近道である。

〝不便・不自由・不親切〟とは、「何も与えません。すべて自分で考え、自分で苦労し、苦労しながら何かをつかんでください」といった、本当の親心である。人は苦労しなければ、本当に大事なことは身につかない。苦労させるには、与えないことだ。

『青年塾』の研修の場合、まず研修会場は、行くのに不便な所を選ぶ。会場についても、例えば何もないとすれば、何もかも全部自分でやらなければならない。まことに不自由な生活は、知恵と汗と助け合いの心がなければ過ごせない。

会場までの案内はまことに不親切である。不親切であればあるほど、苦労しながら自分で会場までの道を探さなければならない。すべての苦労が、余分なことでなく、最大の学びになる。『青年塾』は与えない。自分で苦労しながら会得するところだ。

それによって、「この講座は私達がつくり上げました」と胸を張って言える。もし私が段取りをすれば、塾生達はお客様になる。お客様になると、クレームが出る。

64

聞く姿に、心の姿が表れる

何気なく人の話を聞いている姿は、その人の心の様子をそのまま表すものだ。端的《たんてき》に言えば、心の様子は、聞く姿にすべて表れる。

心がふんぞり返っている人は、聞く姿も必ずふんぞり返る。謙虚な心の持ち主が、ふんぞり返って人の話を聞いていることはない。心が斜めになっている人は、どんな話を聞いても、「ふん、何を言ってやがる」といった心の姿がそのまま表れる。

「聞く姿は、心の姿」である。裏返すならば、誰の話であっても、相手の目を見てしっかりと聞き届けようとする努力は、自らの人間性を高め、豊かな心を育てる最も身近な実践なのだ。難しいことをしなくてもいい。誰の話でも最後まで真剣に聞こうと努力するだけで、あなたの人間性は高まっていくのである。

「あの店、評判悪いね。どうして？」と聞いた。

「だめ。何を言っても、何も聞いてくれない」

店の評判を高めるのも、店員の一人一人が本気で、聞く耳を持つことだ。

「あの部長、評判いいね。どうして？」

「反対意見でも、誰の意見でも、本当に真剣に最後まで聞いてくれる」

組織にとって頼りがいのある部長は、聞く耳を持っている。

今すぐにできる、豊かな心を育てる道は、〝聞く耳を持つ〟ことである。

人生の合い言葉

65

一流の人は弁解しない

五十四歳六ヵ月で松下電器を途中退職した時には、本当に多くの人から聞かれた。「どうしたの？　急に辞めるなんて。何かあったの？」と。

当時の松下電器（現在のパナソニック）には、五十五歳を過ぎてから退職すると、定年退職者と同じ特典が得られる、恵まれた制度があった。私の場合、わずか半年足りないためにその制度を蹴ってまで退任する事情を、みんなは詮索《せんさく》したがったのである。

様々な人が、事情を探りにきた。あまり色々と詮索されるので、「何があったわけでもない。社命を使命に切り替えただけです」と、関係者に手紙を出そうとした。

そんな時に出くわしたのが、「一流の人間は決して弁解しない」という、作家の三浦綾子さんの言葉であった。私は、三浦綾子さんには長年、親しくご指導いただいた。三浦綾子さんのことを、ご主人の三浦光世さんから、「〝土下座《どげざ》のお綾〟として有名です」と教えていただいたことがある。何か事が起きたら、一切の弁解をせずに、「申し訳ありません」と、すぐに土下座をして謝ることをさして言われたのだ。

ある時、テレビの取材があった。撮影中に隣の家から騒音が聞こえてきた。テレビ局の人が気を利《き》かして、三浦綾子さんに内緒で、隣の家に騒音《そうおん》を出さないようにお願いに行った。急に静かになった。「どうしてかしら？」と三浦綾子さんは不思議に思った。事情を知った途端、すぐに駆け出して隣の家で土下座して謝罪したと聞いた。

人生の合い言葉

66

人生のテーマを持っているか？

私に厳しく『志』を教えてくださったのは、今は亡き、伝記作家の小島直記《なおき》先生だ。松下政経塾の敷地内にある職員のために建てた家に住んでいただき、隣に住む私を、時を構わず指導していただいたことがある。

小島先生には、「志には三つの条件がある」と繰り返し叩き込まれた。第一に、「人生のテーマを持て」、第二に、「生きる原理原則を持て」、第三に「言行一致しろ」である。人間の生きざまの根本に迫る三条件である。

八十歳近い年齢になって、しみじみと、その三つの条件が人間の価値を決めると実感する。中でも、難しいのは、「生きるテーマ」である。「仕事のテーマ」を持つ人は多い。しかし、仕事のテーマは、転勤したり、退職すると消えてしまう。人生のテーマは、生きている限り追い求めるものである。

仕事のテーマと人生のテーマを混同しがちである。仕事のテーマと人生のテーマは、根本的に異なる。仕事のテーマに没頭するあまり、人生のテーマを求めていないと、定年退職した後、もぬけの殻のような生き方に陥ってしまう。

私は今、はっきりと自らの人生のテーマを持つ。松下政経塾出身の志ある政治家と志ネットワーク、『青年塾』を中心にした志ある有権者を結びつけて、国民運動を興《おこ》し、〝国家百年の計〟に立つ政治の実現をめざすことである。

人生の合い言葉

67

タコツボから出よう

組織に属していることを、「タコツボに住む」と、私は表現している。サラリーマンは、大なり小なり、会社というタコツボの中で暮らしている。

タコツボの中で暮らしていると、タコツボの中が全世界に見える。だから、タコツボの中のことにしか、関心がいかない。その代わり、タコツボの中で起きることについては、微に入り細に入り、よく知っている。

『青年塾』に参加する人達は、少なくとも、研修の間は、タコツボから出た状態である。タコツボの中の者同士であれば通じる言葉や風習、習慣も、なかなかお互いに通じない。しかし、何度となく顔を合わせて共に学ぶうちに、自分の暮らしていたタコツボ以外の世界の面白さに気づき始める。「タコツボの外の世界は広く、大きい」と感激・感動するのである。そこまではよかった。しかし、所定の研修を終えて、元のタコツボに戻ると、またまた外に出てこなくなる。タコツボの中に安住してしまうのだ。

タコツボの中だけが世界ではない。タコツボの外の世界は、無限に広く、大きい。それに関心を向ける時、初めて、組織の人間としての殻が破れる。

タコツボの外にいる人達と話を通じ合わせるためには、タコツボの外の世界に関心を持つところから始まる。即ち、仕事と職場のこと以外の世界を知りたいと思うところから始まるのだ。まず、タコツボから出るのだ。

人生の合い言葉

68

〝奴隷〟の仕事をするな！

「この重たい荷物を、富士山の頂上まで運んでくれ」と指示されたら、こんなにつらいことはない。自分の身一つでも富士山の頂上まで行くのは大変だ。その上に、自分の体よりも大きくて重い荷物を頂上まで運ぶのだから、まことにつらい。つらいどころか、とても人間の仕事ではない。まさに、奴隷《どれい》の荷役《にやく》である。

ところが、人間、不思議なことに、同じ荷物を自分がどうしても頂上まで持っていきたいと思うと、精神的につらいと思わなくなるのだ。それどころか、途中のどんな苦しい坂道でも歯を食いしばることができるし、頂上にたどり着いた時には、思わず、「万歳」と大きな声で叫んでしまう。

仕事の内容によって、苦しくなったり、我慢できたりするのではない。同じ仕事をしても、人に命令されてやるのか、自分の意思でやるのかの違いである。それを称して、私は、〝奴隷の仕事〟と〝ご主人様の仕事〟という言い方をして区別している。

仕事をする時には、自らの意思を第一にすべきである。

「やりたい」と思ってやる仕事は、どんなに重労働であっても精神的に疲れない。「やらされる」仕事は、どんなに簡単な仕事でも精神的にくたくたになるのだ。だから、心の健康を保つ上でも、自ら考え、自らの主体的な意思を尊重する組織は、生き生きとしてくる。

人生の合い言葉

69

心を育て、腹を鍛える

勉強というと、頭の中に詰め込む知識の量を増やすことをさしていう傾向が強いように思う。そして、知識の量の多い人が、エリートとして大手を振って歩いている。

様々な試験は、知識の量を計るために行われる。しかし、実社会では、知識の量だけでは大手を振って歩けない。知識や技術も大切ではあるが、しょせん、人生の道具にしかすぎない。それを使いこなす人間そのものの質を高める努力をしっかりと行わないと、せっかくの知識も宝の持ち腐れとなる。

『青年塾』は、専門的な知識の量を増やす学びには、あまり力を入れていない。それよりも、知識を使う人間そのものの質を良くする学びに力を入れている。

具体的には、「頭に知識を増やすのではなく、心を育て、腹を鍛える」と教えている。端的に言えば、〝頭より、心と腹を鍛える〟のだ。

〝心〟とは、「他人を思いやる心」である。そして、〝腹〟とは、いついかなる時にも変わらぬ「一貫した信念」をさしている。

即ち、『青年塾』では、常に他人を思いやる〝心〟を育てると共に、己の損得を超えて人のために尽くす〝信念〟をしっかりと教え込むことを学びの根本目標としている。

そのことも、知識として、ただ単に頭で分かるのではなく、様々な体験を通じて、実践的に体に刻み込んで習得していく。

人生の合い言葉
70

〝心の欠席〟をしてはいけない

『青年塾』の毎回の講座は、全員参加が原則である。しかし、時には、家庭の事情や、体調不良、業務の都合などで欠席せざるを得ないこともある。

しかし、欠席の場合に一つ条件がある。それは、「心の欠席をしてはいけない」ということである。体は欠席しても、心は欠席してはいけないのだ。

「心の欠席」とは何か。例えば、「今回の講座はやむを得ない理由で休ませていただきます」と伝えた後は、出席しないのだから、講座に関する課題などはやらなくていいと考えることを、〝心の欠席〟と呼んでいる。

〝自分一人の損得を超えて、世のため人のために役立つ人になろう〟と精進している『青年塾』では、〝心の欠席〟はタブーである。体は休まざるを得なくなったとしても、心は、参加した人達以上に『青年塾』の講座に参加していなければならない。その基本には、「私が休んだために、参加した人達に迷惑をかけている」と認識することが第一である。だから、みんなに迷惑をかけていることに対して、申し訳ないと思うばかりではなく、与えられた課題などはすべてこなして、何らかの形で提出しなければならない。

「体は休んでいるが、心は参加している」と、みんなが思うような配慮を求める。

自分が休んだことによって、みんなの学ぶ士気に影響することが分からないようでは、人間力としては失格だ。

あとがき

松下政経塾の塾生を選ぶ時、創設間もないころは、松下幸之助自らが最終選考に立ち会った。

ほとんど何も質問しなかった。ただじっと受験生の顔を見ているだけのことが多かった。ある塾生によると、椅子に座って数分、お互いに、頭のてっぺんから足の爪先《つまさき》までじっと見合うだけだった。そして一言、「君、合格や」。一言もやり取りせずに、いきなり、合格と言われて、仰天《ぎょうてん》した。

しばらくして、「人間、運と愛嬌《あいきょう》が大事や。君、愛嬌があるから合格」と言われたのだ。どんな難しい質問が飛んでくるかと身構えていた受験生は、拍子抜けした。しかし、今でも忘れられない。「人間、運と愛嬌や」の一言。

「どんなに政治学の知識を持っていても、政治家にはなれない。知っていることとできることは別」。そんなやり取りを通じて、私は、実社会において必要な力は、学力ではなく、人間力であることを身に染みて叩き込まれた。人間力とは、人間としての魅力だと私は勝手に解釈してきた。そして、松下政経塾を離任した後、松下電器に復帰する道を断って、生涯、次代を担う青年たちの人間教育に人生をかけた。

この〝合い言葉〟は、『青年塾』に学ぶ塾生たちの心に刻み込みたいと願って考えたひと言ひと言である。舌を噛みそうな難解な言葉ではなく、普段、ふと口を衝いて出てくるような平凡な言葉の中に真理があると信じている。そしてそれが、人間学を学ぶ雑誌『致知』に取り上げられ、そして致知出版社を通じて、世に出していただけることはこの上ない喜びである。

親子、夫婦、職場、さらには日本の国全体にも、人の心を優しくする〝合い言葉〟が生まれることを切に期待する。〝合い言葉〟は、〝愛の言葉〟。

令和三年七月

志ネットワーク『青年塾』塾長　上甲　晃

〈著者略歴〉
上甲　晃（じょうこう・あきら）
昭和16年大阪市生まれ。40年京都大学教育学部卒業と同時に、松下電器産業（現・パナソニック）入社。広報、電子レンジ販売などを担当し、56年財団法人松下政経塾に出向。理事・塾頭、常務理事・副塾長を歴任。平成8年松下電器産業を退職、志ネットワーク社を設立。翌年、青年塾を創設。同塾で25年にわたる指導を続け、2000名を超える若者たちを育ててきた人材育成のスペシャリストである。著書に『志のみ持参』『志を教える』『志を継ぐ』『松下幸之助に学んだ人生で大事なこと』（いずれも致知出版社）など多数。

人生の合い言葉

令和三年八月五日第一刷発行
令和六年八月五日第四刷発行

著者　上甲　晃
発行者　藤尾　秀昭
発行所　致知出版社
〒150-0001東京都渋谷区神宮前四の二十四の九
TEL（〇三）三七九六―二一一一
印刷・製本　中央精版印刷
落丁・乱丁はお取替え致します。　（検印廃止）

ISBN978-4-8009-1255-8 C0095
ホームページ　https://www.chichi.co.jp
Eメール　books@chichi.co.jp